BEI GRIN MACHT SICH IHR WISSEN BEZAHLT

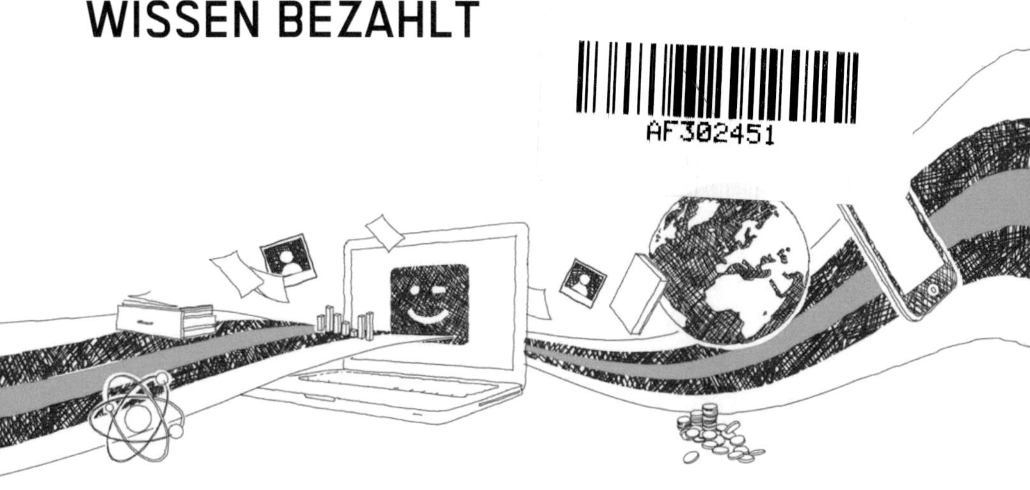

- Wir veröffentlichen Ihre Hausarbeit, Bachelor- und Masterarbeit

- Ihr eigenes eBook und Buch - weltweit in allen wichtigen Shops

- Verdienen Sie an jedem Verkauf

Jetzt bei www.GRIN.com hochladen und kostenlos publizieren

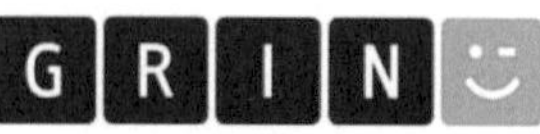

Anna Krakor

Kinderzeichnungen - Analysemodell von Hinkel

GRIN Verlag

Bibliografische Information der Deutschen Nationalbibliothek:

Die Deutsche Bibliothek verzeichnet diese Publikation in der Deutschen National-
bibliografie; detaillierte bibliografische Daten sind im Internet über http://dnb.d-
nb.de/ abrufbar.

Impressum:

Copyright © 2009 GRIN Verlag GmbH
Druck und Bindung: Books on Demand GmbH, Norderstedt Germany
ISBN: 978-3-656-36633-1

Inhaltsverzeichnis

1 Einleitung

Diese Hausarbeit untersucht ausgewählte Zeichnungen von Kindern in der Kritzelphase. Dazu haben fünf Kinder im Alter zwischen zwei und fast drei Jahren Zeichnungen angefertigt. Aus den daraus entstandenen Zeichnungen werden drei ausgewählte Exemplare nach dem „Analysemodell zur Interpretation von Kinder- und Jugendzeichnungen" von Hermann Hinkel untersucht. Dafür wird in einem ersten Schritt das Modell kurz beschrieben, wobei der Schwerpunkt auf den Kriterien liegt, die später von Relevanz für die Untersuchung der Zeichnungen ist. Als Unterpunkt werden dann verbale Äußerungen von Seiten der Kinder zu ihren Zeichnungen erläutert. Im Weiteren werden Aussagen von Hans-Günther Richter referiert, die sich auf das Thema beziehen. Und in einem letzten Punkt werden die beiden Standpunkte von Hinkel und Richter miteinander verglichen.

2 Analysemodell von Hinkel

Hermann Hinkel formuliert in seinem Artikel in der Zeitschrift „Kunst+Unterricht" ein Analysemodell zu Interpretation von Kinder- und Jugendzeichnungen indem er verschiedene Kriterien beschreibt, die man dazu verwenden kann. Dafür konzentriert er sich nicht nur auf das Bild bzw. Objekt, sondern bezieht gleichwertig den Produzenten und den Entstehungsprozess mit ein. Die nun folgenden, ausgewählten Kriterien werde ich genauer beschreiben.

Als einen Ausgangspunkt zu Interpretation von Kinderzeichnungen sieht Hinkel eine „intensive Auseinandersetzung mit dem Bild selbst" vor (Hinkel in: Kunst+Unterricht, 2000, S.62). Als ersten Schritt betrachtet er dafür die materielle Ebene der Zeichnung. Dazu zählt er Materialien, Techniken des Zeichnens, das Format, aber auch den Entstehungsprozess als solchen.

In einem weiteren Punkt werde ich mich dann der Komposition des Bildes widmen, also der Frage, wie das Kind das Format genutzt hat. An welchen Stellen wurde gezeichnet und wo nicht.

Um auch das Umfeld in meine Interpretation mit einbeziehen zu können, werde ich auch die soziale Situation beschreiben in der die Bilder entstanden sind und in wiefern dies Einfluss auf den Bildinhalt hatte. Auch das Alter und den Entwicklungsstand und die Anregung durch das Umfeld, also mögliche Vorbilder, werde ich in die Analyse mit aufnehmen.

3 Ergebnisse der Untersuchung nach Hinkel

Zur sozialen Umgebung in der alle Zeichnungen entstanden sind, lässt sich folgendes sagen. Es handelt sich hierbei um eine Gruppe von Kindern im Vorkindergarten Alter, also zwischen einem und knapp drei Jahren. Sind alle Kinder anwesend, hat die Gruppe eine Größe von elf Kindern. Dadurch, dass alle Kinder nahezu ein Alter haben, sind keine älteren Vorbilder vorhanden, also niemand, von dem sie sich etwas abgucken könnten. Auch die Erzieher in der Gruppe scheinen wenig als Vorbilder zu agieren, indem sie etwa ein einfaches Männchen vorzeichnen würden.

Die erste Zeichnung, die ich nun nach dem Analysemodell von Hinkel untersuchen werde, ist von Lorenz (2;11J.) (siehe Anhang, Blatt 1). Lorenz hat keine Geschwister und somit auch hier keine direkten Vorbilder. Seine Zeichnung ist auf einem DIN A 4 formatigen Papier mit einem grünen und einem roten Buntstift entstanden. Zunächst zeichnet er mit dem grünen Buntstift mit leichtem Druck Schwingkritzel. Dabei arbeitet er in Hochgeschwindigkeit, verlässt aber nicht das Format. Durch Nachfragen von Seiten der Erzieherin, was er denn da malt, überlegt er kurz und beginnt über das Grün mit Rot ein „Mondgesicht" zu zeichnen. Durch ganz gezielte und konzentrierte Kreiskritzel, die er zur Verdeutlichung mehrmals wiederholt, zeichnet er den Kopf, platziert danach gekonnt zwei Ohren an den Kopf. Dies geschieht ohne Probleme. Die Augen, die er danach in den Kopf setzen will, bereiten ihm Schwierigkeiten. Er beginnt mit einer kleinen Zeichnung im Kopf ist damit aber nicht sehr zufrieden, woraufhin er mit starkem Druck über die gesamte Zeichnung kritzelt. Dabei entstehen dichtere Kritzeleien und teilweise lassen sich Hiebkritzel erkennen.

Die zweite Zeichnung ist von Liva (2;10J.) (siehe Anhang, Blatt 2). Auch sie hat keine Geschwister. Auf dem DIN A 4 großen Blatt Papier zeichnet sie mit rotem Buntstift ohne die Ränder zu überschreiten mit viel Konzentration und Ruhe zunächst einen „Ballon". Dazu zeichnet sie ein Oval, unten spitz zulaufend, in die rechte Mitte des Papiers und verdeutlich den Knoten am Ende des Ballons durch übereinander gekritzelte Kreiskritzel. Doch anscheinend ist sie nicht sehr zufrieden mit dem Ergebnis, woraufhin sie über den gesamten Ballon orangene Kreiskritzel zeichnet. Es folgen mit starkem Druck Hiebkritzel. Auf ihre Frage was sie jetzt zeichnen könnte, schlage ich ihr ein Männchen vor. Diesen Versuch startet sie am rechten Bildrand mit einer kleinen konzentrierten Zeichnung, wobei kein Männchen zu erkennen ist. Es folgt die erneute Frage was sie jetzt zeichnen soll. Mein Vorschlag nun ist ein Tier. Das bringt ihr die Idee, eine Möwe zu zeichnen, die, wie sie mir erklärt, immer im Urlaub mit ihren Großeltern in Dänemark am Strand sind. Sie zeichnet also eine Möwe mit Blau auf die linke Hälfte des Blattes. Und schon wieder folgt die Frage, was sie nun malen soll. Ein Haus schlage ich ihr vor. Daraufhin zeichnet sie über ihr Gekritzel eine Umrisslinie mit drei Hiebkritzeln an der oberen Seite. Dies, so erklärt sie mir, sei das Dach. Es folgen viele kleine Punkte in die Zeichnung, die die Fenster darstellen sollen. „Da kann man rausgucken" erklärt sie mir noch. Anscheinend habe ich sie mit meinen Vorschlägen eher verunsichert als ihr eine große Hilfe zu sein, sonst würde sie vermutlich nicht ständig nach neuen Ideen fragen.

Die dritte Zeichnung ist von Thore (2;4J.) (siehe Anhang, Blatt 3). Auch Thore ist ein Einzelkind. Als er sein Blatt Papier bekommt, gibt es für ihn kein Halten mehr. Er stürzt sich auf die Buntstifte und kritzelt wie wild drauf los. Mit schnellen Kreis- und Schwingkritzeln in Blau füllt er in kürzester Zeit dreiviertel seines Bildes. Dabei bleibt er trotz der hohen Geschwindigkeit auf dem Papier und überschreitet nur in zwei Fällen den Bildrand. Daraufhin sucht er sich eine andere Farbe (Orange) zeichnet über das Blaue weitere schnelle Schwingkritzel, wieder ohne dabei den Bildrand zu überschreiten. Mit Grün setzt er einen einzigen Strich in die linke untere Ecke des Bildrandes und zeichnet dann mit Rot weiter. Hier wird er langsam ruhiger und zeichnet in der oberen Mitte eine kleine konzentrierte Kritzelei, die zeigt, dass er sich auch konzentrieren kann auf das was er tut. Denn die Zeit davor wirkte er wenig konzentriert und stellte sich selbst in die Position des Unterhalters der Gruppe, indem er sang und herumalberte. Nach einer kurzen Pause dreht er sein Bild um und zeichnet nun auf der Rückseite weiter. Hier nun mit deutlich weniger Tempo Schwingkritzel in Schwarz und Rot.

3.1 Verbale Äußerungen der Kinder zu ihren Zeichnungen

Es war deutlich zu beobachten, dass nicht alle der anwesenden fünf Kinder einen Sinn in das legen, was sie zeichnen. Außer den zwei ältesten Kindern Lorenz und Liva erzählte niemand während des Zeichnens, was er gerade zeichnet. Lorenz beginnt kommentarlos zu zeichnen. Erst auf Nachfragen sagt er „Mondgesicht" und versucht dieses darzustellen. In der letzte Phase besetzt er wieder kommentarlos das Ganze mit heftigen Schwingkritzeln.

Liva beginnt mit verbaler Ankündigung „Ballon". Wie Lorenz streicht sie die anfängliche Ballonzeichnung mit Kreis- und heftigen Hiebkritzeln durch. Livas Darstellungsabsichten lassen sich nicht erkennen auf ihrem Bild. Sie erzählt zwar groß und breit, was sie alles zeichnet, aber als Außenstehender lassen sich die genannten Bildinhalte nicht erkennen.

Da Thore seine Zeichnung so aktiv und mit großer Freude begonnen hat, haben wir ihn nicht nach seiner Darstellungsabsicht gefragt. Thore hingegen war der einzige in der Gruppe, der die Frage nach der Farbe eines blauen Buntstiftes mit großer Sicherheit bestimmen konnte.

4 Hans-Günther Richter

Hans-Günther Richter beschreibt die erste Phase der zeichnerischen Entwicklung im Alter zwischen zwei und vier Jahren als die Kritzelphase. Diese unterteilt er in vier verschiedene Stufen wobei die erste als eine Art Vorstufe betrachtet wird. Sowohl auf die erste Stufe der Spurobjektivationen und die vierte des Konzeptkritzelns werde ich nicht näher eingehen, da beide in den von mir analysierten Zeichnungen nicht vorkommen.

Die Stufe des Spurkritzelns hingegen ist deutlich erkennbar. Richter ordnet diese Phase dem zweiten Lebensjahr von Kindern zu. Hier entwickelt sich die Motorik weiter und verfeinert sich zunehmend. Die Zeichnungen, die nach Wallon als „Folge der Gebärde" bezeichnet werden, sind nach Richter somit die „Produkte [...] einer relativ ungesteuerten Abfolge motorischer Bewegungen mit zunehmender Verlagerung in die distalen (Unterarm-Hand-) Ebenen" (in: Richter, 1987, S. 34). Dafür verfeinert sich außerdem zunehmend die „Koordination des Zusammenspieles von Auge und Hand" (in: Richter, 1987, S. 34). Dies bedeutet; das Kind lernt immer mehr mental zu steuern, was es zeichnen will. Nach H. Meyer führt er außerdem verschiedene Arten des Kritzelns an, die vom eher grobmotorischen Hiebkritzeln bis hin zu erstem Sinnunterlegtem Kritzeln reichen. Richter schreibt außerdem, dass Farben in dieser Phase noch keine Bedeutung für die Kinder haben und so wahllos ein Stift genommen wird. Er betont auch, dass die Bewegungen noch sehr zufällig geschehen, ohne eine genaue Steuerung.

In der darauf folgenden Stufe des Gestenkritzelns im Alter zwischen zwei und drei Jahren steuert das Kind seine Bewegungen immer genauer. Die verschiedenen Arten des Kritzelns treten nun nebeneinander auf. Dabei ist das Kind in der Lage, seine motorischen Züge zu unterbrechen, fortzuführen und zum Ausgangspunkt zurück zu gelangen. Das heißt, es ist „in der Lage ein Bewegungskonzept zu verwirklichen" (in: Richter, 1987, S. 34). Wichtig in dieser Phase ist, dass das Kind erste Darstellungsabsichten verbal äußert, auch wenn diese nicht immer klar im Bild erkennbar sind. Richter schreibt, dass tatsächlich „eine große Diskrepanz zwischen der verbal vermittelten Bedeutung/Erzählung und dem Liniengefüge [...], das diese Bedeutung repräsentieren soll." besteht (in: Richter, 1987, S.32).

4.1 Zuordnung der Zeichnungen von Lorenz, Liva und Thore

Die Zeichnungen von Liva und Lorenz lassen sich – nach Richter – einem fortgeschrittenen Stadium des Gestenkritzel zuordnen. Bei beiden lässt sich feststellen, dass sie beim Zeichnen nicht mehr zufällige Bewegungen machen, sondern diese bereits steuern können und somit bewusst einsetzen, um bestimmte Dinge zu zeichnen. Dabei sind sie in der Lage, verschieden geformte Kritzel innerhalb eines Bildes anzuwenden. Sie sind „in der Lage, ein Bewegungskonzept zu verwirklichen" (in: Richter, 1987, S.34) und somit in dem Zeitraum angelangt, in dem laut Richter „die Zeichnung geboren wird" (in: Richter, 1987, S.34).

Die Zeichnung von Thore entspricht ebenfalls der von Richter beschriebenen
Phase des Gestenkritzel, allerdings eines noch geringer entwickelten Stadiums.
Er ist zwar noch nicht in der Lage, seine Bewegungen genau zu steuern und
auf diese Weise ein Bewegungskonzept zu verwirklichen, das nicht mehr nur
zufällig entsteht. Er zeichnet aber bereits verschiedene Formen des Kritzelns.
Somit hat er also nicht mehr nur eine Art des Kritzelns verinnerlicht, sondern ist
in der Lage, zwischen Schwing- und Kreiskritzeln zu variieren. Dies deutet
darauf hin, dass auch er vermutlich bald in das Stadium von Liva und Lorenz
kommt.

5 Fazit

Nach der Untersuchung, der drei aufgeführten Zeichnungen möchte ich
abschließend festhalten, dass ich es als äußerst interessant empfunden habe,
mich mit der Phase des Kritzelns auseinander zu setzen, vor allem weil man
sich an die eigene Kritzelphase nicht mehr erinnern kann. Dabei hat mich am
meisten überrascht, dass zwischen dem Spurkritzeln und dem Gestenkritzeln
offensichtlich nur ein paar wenige Monate liegen. In einem Moment wird noch
einfach losgekritzelt und wenige Tage später kann das Kind bereits verbal
mitteilen, was es gerade zeichnet. Nach einem Gespräch mit der Betreuerin
konnte ich auch erfahren, dass ein Kind, das seit zwei Monaten in den
Kindergarten geht, nun schon Kopffüßler und weitere gegenständliche Dinge
zeichnet und das obwohl es in der Vorkindergartengruppe ausschließlich
gekritzelt hat. Dies zeigt die rasante und sprunghafte Entwicklung, die in dieser
Phase von statten geht und außerdem, wie wichtig anscheinend Vorbilder zur
Unterstützung dieser Entwicklung sind.

6 Anhang

6.1 Literaturverzeichnis

Hinkel, Hermann: Analysemodell zur Interpretation von Kinder- und Jugendzeichnungen, in: Kunst+Unterricht, H. 246-247, 2000, S.62-65

Richter, Hans-G.: Die Kinderzeichnung. Entwicklung, Interpretation, Ästhetik. Düsseldorf 1987